Petra Buck (Hrsg.)

Lachen, bis das Tor umfällt

Fußballwitze

Petra Buck (Hrsg.)

LACHEN, BIS DAS TOR UMFÄLLT

Fußballwitze

Mit Illustrationen von Jürgen Rieckhoff

Ravensburger Buchverlag

Bibliografische Information der Deutschen Nationalbibliothek:

Die Deutsche Nationalbibliothek verzeichnet diese Publikation in der Deutschen Nationalbibliografie. Detaillierte bibliografische Daten sind im Internet über http://dnb.d-nb.de abrufbar.

MIX
Aus verantwortungsvollen Quellen
FSC® C114500
FSC
www.fsc.org

Das für dieses Buch
verwendete FSC®-zertifizierte Papier liefert
Arctic Paper Mochenwangen GmbH

1 2 3 16 15 14

Die Erstausgabe erschien 2012
unter dem Titel *Fußballwitze
für mehr als 90 Minuten Spaß*
beim Ravensburger Buchverlag
und wurde aktualisiert.

Umschlagillustration: Jürgen Rieckhoff

Printed in Germany
ISBN 978-3-473-40955-6

www.ravensburger.de

Was ist der Unterschied zwischen einem Bankräuber und einem Fußballstar?
Der Bankräuber sagt: „Geld her oder ich schieße!“
Der Fußballer hingegen: „Geld her oder ich schieße nicht!“

Ein holländischer Fußballfan kommt in die Bibliothek und sagt zur Bibliothekarin: „Ich hätte gerne das Buch *Holland: Weltmeister 2014!*"
„Tut mir leid, mein Herr", meint die Bibliothekarin trocken. „Science-Fiction führen wir nicht."

Beim Straßenfußball wird Matti gerempelt und schlägt mit dem Kopf auf dem Pflaster auf. Eine alte Dame hat alles gesehen und versucht, Matti zu trösten: „Na, Kleiner, hoffentlich ist deine Nase heil geblieben?!“
„Ich glaub schon“, meint Matti. „Die beiden Löcher waren vorher schon drin.“

Hardy schwänzt immer wieder die Schule und geht stattdessen zum Bolzen auf den Fußballplatz. Der Lehrer redet ihm ins Gewissen: „Weißt du, was aus Jungen wird, die nichts lernen und nur Fußball spielen?“
„Ja, Herr Lehrer, die kommen später in die Bundesliga und werden Millionäre!“

Der Schiedsrichter hat das Spiel schon angepfiffen, aber seine Karten vergessen. „Macht nichts“, raunt ihm ein Linienrichter zu. „Bei Gelb zeigst du die Zähne und bei Rot streckst du die Zunge raus.“

Eule findet einen Flaschengeist.
„Du hast mich gerettet", sagt der Geist.
„Dafür hast du einen Wunsch frei."
Eule holt eine Weltkarte aus der Hosentasche und sagt: „Ich wünsche mir den Weltfrieden."
„Das ist unmöglich!", antwortet der Geist, nachdem er sich die vielen Länder auf der Karte angesehen hat.
„Dann wünsche ich mir, dass der SC Rohrbach in der nächsten Saison aufsteigt", sagt Eule.
Der Geist kratzt sich hinterm Ohr, überlegt und sagt: „Kann ich vielleicht doch noch mal die Karte sehen ...?"

Warum stehen bei Schädels Vater leere Flaschen im Kühlschrank?
Damit er auch etwas für Gäste hat, die nichts trinken wollen.

Matti sagt selbstverliebt zu Noah: „Gott hat mich auf die Welt geschickt, damit ich der schönste Spieler meiner Zeit werde."
Noah antwortet: „Na, und? Mich hat Gott geschickt, damit ich der beste Spieler meiner Zeit werde!"
Da kommt Trainer Christian Wenzel vorbei: „Was? Wer seid denn ihr zwei Luschen? Ich habe keinen von euch irgendwo hingeschickt!"

„Hey, ist da noch Platz?“, ruft Yannick mit einem Müllsack in der Hand dem Fahrer der Müllabfuhr hinterher.
„Ja, klar, spring rein!“

Felix, der Sohn eines Fußballers, kommt mit dem Zeugnis nach Hause. „Papi, mein Vertrag mit der 3. Klasse ist um ein Jahr verlängert worden!“

„Kommst du mit ins Hallenbad?“, fragt Noah Schädel.

„Darf nicht“, sagt Schädel. „Hab Hausverbot im Hallenbad.“

„Wieso das denn?“

„Ich hab ins Becken gepinkelt.“

„Das machen andere doch auch.“

„Schon, aber nicht vom 10-Meter-Brett.“

Quizmaster: „Wer schoss im Endspiel der Weltmeisterschaft 1974 gegen Holland das 2:1 für Deutschland?“

Kandidat: „Gerd Müller.“

Quizmaster: „Richtig! Wie viele Zuschauer waren da?“

Kandidat: „76 000.“

Quizmaster: „Richtig! Wenn Sie jetzt auch noch die dritte Frage richtig beantworten, gehört Ihnen das Auto. Wie hießen die Zuschauer?“

Matti kommt vom ersten Fußballtraining mit einem blauen Auge nach Hause. „Ich bin gegen den Torpfosten gelaufen“, berichtet er.
„Hat dein Trainer schon feuchte Umschläge über dein Auge gemacht?“, erkundigt sich die Mutter besorgt.
„Nö“, antwortet Matti. „Nur blöde Witze!“

Im Mathe-Unterricht sagt die Lehrerin: „Es gibt Millimeter, Dezimeter und Zentimeter. Kennt jemand noch mehr?"
Noah meldet sich strahlend und ruft: „Elfmeter!"

Der Trainer hält vor dem Spiel eine Ansprache an die Mannschaft: „Ihr müsst Schädel so gut decken, wie ihr könnt!"
„Schädel?", meldet sich Eule zu Wort. „Trainer, da hab ich Angst. Der tritt doch auf alles, was sich bewegt!"
Darauf der Trainer: „Dann besteht für dich ja keine Gefahr …"

Schädel kommt an einem Schrottplatz vorbei. Er sieht einen alten Spiegel, schaut hinein und sagt: „So ein hässliches Ding! Das hätte ich auch weggeschmissen."

Matti kommt vom Fußballturnier nach Hause. Seine Mutter wundert sich: „Dein Schienbein ist ja noch ganz dreckig! Hast du nicht geduscht?"
„Oh!", meint Matti. „Da hab ich bei dem Gedränge in der Dusche wohl aus Versehen das Bein von jemand anderem gewaschen!"

Der Lehrer rügt Noah: „Wieso bist du heute zu spät gekommen?"
Noah erklärt: „Ich hab vom Fußball geträumt – und das Spiel ging in die Verlängerung!"

„Der Trainer hat gesagt, ich sei sein bestes Pferd im Stall“, berichtet Schädel seinem Papa stolz.
„Und wieso?“, fragt der Vater nach.
„Ich mach den meisten Mist!“

Obwohl David zwei linke Beine hat, darf er in ein Fußballcamp fahren. Als dieses zu Ende ist, fragt er seinen Kumpel: „Meinst du, ich soll unserem Trainer zum Abschied etwas schenken?“
Darauf meint sein Freund: „Wie wär's mit deinen Fußballschuhen?!“

Nach dem verpatzten Spiel tadelt der Trainer Matti: „Mensch, du hättest doch viel schneller laufen können!“
Matti zuckt die Achseln. „Ja, schon, aber ich musste doch beim Ball bleiben.“

Der FC Kickers fliegt zu einem Auswärtsspiel nach Übersee. Aus Langeweile beginnen die Spieler, in der Maschine zu kicken. Das Flugzeug gerät ins Trudeln und der Pilot schickt den Kopiloten nach hinten. Nach zwei Minuten ist absolute Ruhe.
„Wie hast du denn das gemacht?", erkundigt sich der Pilot, als der Kopilot ins Cockpit zurückkehrt.
„Na ja", meint der mit einem breiten Grinsen, „ich habe gesagt: Jungs, es ist so schönes Wetter draußen, spielt doch vor der Tür!"

Noah und Hardy verfolgen gespannt ein Spiel der Frauen-Nationalmannschaft. Plötzlich wird die Stürmerin übel gefault und stürzt mit voller Wucht aufs Spielfeld.
„Die Arme!", ruft Hardy voller Mitgefühl.
„Ja", stimmt ihm Noah zu, „und erst die Beine!"

Die Freundinnen zweier Fußballfans klagen sich ihr Leid:
„Nichts ist so langweilig wie Fußball spielen“, meint die eine.
„Doch“, entgegnet die andere, „zuschauen!“

Nach der erneuten Niederlage macht der Hundhausen-Trainer mit seiner Mannschaft einen Rundgang durch das Stadion. „So, Jungs“, sagt er, „wo die Fotografen sind, wisst ihr ja – und nun zeige ich euch noch, wo die Tore stehen!“

Eule kommt zu spät zum Fußballspiel. Der Trainer will wissen, warum er nicht pünktlich war. Da antwortet Eule: „Ich wollte die Münze entscheiden lassen, ob ich zum Spiel komme oder ob ich mit meiner Schwester zum Schuhekaufen gehe. Ich musste 15-mal werfen …“

Nach einem besonders lahmen Auftritt seiner Mannschaft rügt Christian Wenzel die Spieler in der Kabine: „Mensch, Jungs, wir spielen hier Fußball und nicht Mikado – wer sich als Erster bewegt, hat verloren."

Während des Fußballspiels fliegt plötzlich eine Flasche aufs Spielfeld.
„Was soll das?“, schreit der Schiri erbost.
Da ruft einer der Zuschauer: „Damit Sie nicht so alleine sind.“

Der Arzt zum Fußballer: „Es ist mir etwas peinlich, dass ich das ansprechen muss, aber der Scheck, den Sie mir beim letzten Mal ausgestellt haben, ist zurückgekommen ...“
Kontert der Spieler: „Meine Muskelverletzung, die Sie behandelt haben, leider auch ...“

Ein Mann fühlt sich nicht wohl. Der Arzt bittet den Patienten, sich auszuziehen. Dabei sieht er, dass beide Beine voller blauer Flecken sind.
„Welchen Sport treiben Sie denn? Fußball?"
„Skat, Herr Doktor."

Die Lehrerin zu Matti: „Nenne mir drei berühmte Männer, deren Namen mit einem ‚B' beginnen."
Matti überlegt. „Ballack, Breitner, Beckenbauer!", zählt er schließlich auf.
„Hast du noch nie etwas von Bach, Brecht oder Brahms gehört?", fragt die Lehrerin tadelnd.
Matti zuckt mit den Achseln und meint: „Kenn ich nicht. Spielen die in der Regionalliga?"

Ein Fußballfan sitzt im eigentlich ausverkauften Stadion beim WM-Finale und entdeckt neben sich einen leeren Sitz. Verwundert erkundigt er sich bei dem Zuschauer, der auf der anderen Seite des freien Platzes sitzt, ob der Platz jemandem gehöre.
„Nein“, lautet die Antwort. „Der Sitz ist frei.“
„Aber das ist doch unmöglich! Wer in aller Welt hat eine Karte für das WM-Finale, das größte sportliche Ereignis überhaupt, und geht dann nicht hin?“
„Nun, der Platz gehörte eigentlich meiner Frau“, erklärt der Mann, „aber sie ist kürzlich verstorben.“
„Oh, das tut mir leid. Aber wollte denn niemand Ihrer Verwandten oder Freunde an ihrer Stelle mitkommen?“
Der Mann schüttelt den Kopf: „Nein, die sind gerade alle auf der Beerdigung.“

Kurz vor Anpfiff des Pokalendspiels kommt Hardy ziemlich außer Atem an das Kartenhäuschen.
„Zu spät“, sagt die Kassiererin. „Das Stadion ist ausverkauft – bis auf den letzten Platz.“
„Schön“, meint Hardy und nickt zustimmend, „dann geben Sie mir den!“

„Paul, wo hast du denn so traumhaft küssen gelernt?“
„In meinem Sportverein. Ich blase dort schon seit drei Jahren die Fußbälle auf!“

Der Platzordner sieht nach Ende des Fußballspiels einen Jungen über den Zaun klettern. Er brüllt: „Kannst du nicht da rausgehen, wo du reingekommen bist?"
Der Junge dreht sich kurz um und ruft: „Tu ich doch!"

„Wie ist denn das Spiel ausgegangen?"
„6:5!"
„Was, so viele Tore?"
„Nein, Tore gab's nur zwei. Das waren Gelbe und Rote Karten!"

„Und Ihr Fachgebiet ist Fußball?", fragt der Moderator die Quizshow-Kandidatin.
„Ja", antwortet diese.
„Toll, da habe ich eine Frage für Sie. Wie viele Maschen hat ein Tornetz?"

Nach erneuter Niederlage auf dem Bolzplatz fragt Eule seine Kickerkollegen: „Meint ihr, unser Trainer versteht wirklich was von Fußball?"
„Aber klar doch!", antwortet Hardy. „Vor dem Spiel erklärt er uns, wie wir gewinnen können, und nach dem Spiel analysiert er, warum wir verloren haben!"

Der Hundhausen-Trainer nach dem Turnier-Aus: „Wir wollten ein Vorbild für alle Fans sein – wir schlagen niemanden mehr ..."

Zwei Fans treffen sich. „Du, meine Frau will sich scheiden lassen, wenn ich weiterhin jedes Wochenende zum Fußballplatz gehe."
„Das ist aber blöd."
„Ja, allerdings, sie wird mir sehr fehlen."

Christian Wenzel nach einer verheerenden Niederlage: „Ich habe vor dem Spiel gesagt, ‚Spielt, *wie* ihr noch nie gespielt habt', und nicht ‚Spielt, *als ob* ihr noch nie gespielt habt'!"

Eule steht weinend am Rand des Fußballplatzes. „Keiner will mit mir Fußball spielen“, jammert er.
Eine alte Frau kommt zu ihm. „Frag doch mal Frau Meier! Die hat einen Sohn in deinem Alter!“
„Mit dem habe ich gestern gespielt“, schluchzt Eule, „aber ich glaube nicht, dass der schon wieder laufen kann …“

Ein Schalke-Fan betritt eine Kneipe in Dortmund. Sofort wird er von Borussia-Fans umringt.
„Hör zu, Schalker, wir machen jetzt ein Spiel. Hier haste einen Würfel. Wenn du eine 1, 2, 3, 4 oder 5 würfelst, kriegste Haue!“
Fragt der Schalke-Fan: „Und was is, wenn ich eine 6 würfele?“
„Dann darfste noch mal würfeln!“

Gespräch auf dem Arbeitsamt:
„Wie viele Arbeitsstellen hatten Sie denn im vergangenen Jahr?“
„Fünf!“
„Aha, Gelegenheitsarbeiter?“
„Nein, Fußballtrainer!“

Christian Wenzel beim Arzt: „Herr Doktor, niemand beachtet mich so richtig!"
Arzt: „Der Nächste bitte!"

Was sagt der Trainer immer, wenn Schädel auf den Platz rennt?
„Der tut nichts, der will nur spielen!"

Welches ist der brutalste Sport der Welt?
Fußball – da wird geköpft und geschossen.

Der Fußballtrainer zum neuen Spieler: „Mit Ihrer breiten Brust sind Sie genau der Richtige für unser Team."
„Ist es nicht wichtig, dass ich auch gut spielen kann?"
„Nein, Hauptsache, die Werbefläche ist groß genug!"

Unterhalten sich zwei Freunde: „Mein Arzt hat mir geraten, das Fußballspielen aufzugeben“, berichtet der eine.

„Hat er dich denn gründlich untersucht?“

„Nein, er hat mich spielen sehen.“

Wer ist der Angstgegner des FC Kickers?
Der Ball.

Was ist der Unterschied zwischen einem Fußballer und einem Fußgänger?
Der Fußgänger geht bei Grün, der Fußballer bei Rot.

Wann wurde der FC Kickers zum ersten Mal schriftlich erwähnt?
Im Alten Testament: *Sie trugen seltsame Gewänder und irrten planlos umher.*

„Du warst doch mit einem Fußballspieler verlobt. Warum habt ihr denn nicht geheiratet?"
„Ich bin leider im Halbfinale ausgeschieden."

Was ist der Unterschied zwischen dem TSV Hundhausen und einem Albatros?
Der Albatros hat zwei funktionsfähige Flügel.

„Langsam reicht es mir“, schimpft Trainer Wenzels Frau. „Du rennst zu jedem Fußballspiel, lässt keine Fußballübertragung aus und kennst alle Spielergebnisse auswendig. Aber ich wette, unseren Hochzeitstag weißt du nicht!“

„Doch, das war doch der Tag, als der SC Rohrbach die Jungs von Hundhausen mit 7:0 besiegt hat!“

„Papa, was wird aus einem Fußballstar, wenn er nicht mehr gut sehen kann?“, will Eules Schwester wissen.

„Dann wird er Schiedsrichter“, knurrt der Vater.

Der Stürmerstar wird gefoult, wälzt sich über den Rasen und humpelt mit schmerzverzerrtem Gesicht an den Spielfeldrand.

Da meint der Trainer zum Kotrainer: „Bei dem weiß man nie so recht, ob man 'nen Arzt oder 'nen Theaterkritiker rufen soll …“

„In Brasilien gibt es nur Fußballspieler und schöne Frauen“, berichtet Noah am ersten Schultag nach den Ferien.
„Weißt du eigentlich, dass meine Frau auch Brasilianerin ist?“, fragt der Lehrer.
„Echt? Auf welcher Position spielt sie denn?“

Warum bauen die Spieler vom TSV Hundhausen am Spielfeldrand Kartoffeln an?
Damit sie am Ende der Saison nicht nur Kritik ernten.

Beim Länderspiel sitzt Yannick stolz auf der Ehrentribüne zwischen lauter wichtigen Persönlichkeiten. „Woher hast du denn die Ehrenkarte?“, fragt ein Ordner.

„Von meinem Papa“, antwortet Yannick.

„Und wo ist dein Papa?“

„Zu Hause. Der sucht die Ehrenkarte.“

Kurz vor der Übertragung des Länderspiels kommt ein Kunde ins Sportgeschäft. „Ich hätte gerne eine Deutschlandfahne in Grün.“

„Die gibt es nur in Schwarz-Rot-Gold!“, erklärt der Verkäufer.

„Gut! Dann nehme ich eine in Gold.“

Wer war die erste Fußballmannschaft?
Jesus und seine Jünger, denn in der Bibel steht:
Jesus stand im Tor von Nazareth und seine Jünger standen abseits.

„Wohin willst du denn mit dem vielen Holz unterm Arm?"
„Zum Fußballspiel!"
„Und wozu brauchst du da das Holz?"
„Na, ich will unsere Mannschaft anfeuern!"

Der Fußballtrainer zu seiner erfolglosen Mannschaft: „Der Nichtabstieg wäre das schönste Geburtstagsgeschenk für mich." Darauf der Kapitän: „Zu spät, wir haben schon eine Uhr gekauft ..."

„Susi, warum hast du Kai während des Tanzens geohrfeigt?"
„Wegen Handspiels im Strafraum!"

Was ist, wenn ein Stürmer nach dem Foul in den Schnee fällt?
Winter.

Der Trainer rügt den Spieler: „Sag mal, du kannst ja weder links noch rechts schießen noch Kopfball spielen oder grätschen.“
„Dafür werden meine Interviews immer besser.“

Noah kommt zum Arzt. „Herr Doktor, ich rede im Schlaf.“
Der Doktor beruhigt ihn: „Das ist doch nicht so schlimm.“
Darauf Noah: „Doch, die ganze Mannschaft lacht schon über mich!“

Trainer Hartmann steht vor der Taktiktafel und fragt: „Wo zum Teufel ist mein Bleistift?!"

„Hinter Ihrem Ohr, Herr Hartmann", antwortet Hardy grinsend.

„Hör mal, ich habe wirklich keine Zeit zu suchen. Hinter welchem Ohr?"

„Phillip, du kommst in dieser Woche schon zum fünften Mal zu spät zum Training“, schimpft Trainer Wenzel. „Weißt du, was das bedeutet?“
„Ja, dann muss heute wohl Freitag sein …“

„Angeklagte, Sie bestreiten also nicht, Ihren Mann während der Fußballübertragung erschossen zu haben?"
„Nein, Herr Richter."
„Was waren seine letzten Worte?"
„Schieß doch! Schieß doch endlich, du Pfeife!"

Der Zahnarzt zum Patienten: „Können Sie bitte einmal ganz laut schreien?"
„Warum denn?"
„Das Wartezimmer ist brechend voll, und ich wollte um 18 Uhr zum Fußballspiel!"

Eule hat miserabel gespielt, schiebt aber die ganze Schuld auf den Schiedsrichter. In der Kabine meint er zu Hardy: „Dem Kerl trete ich in den Hintern!"
„Lass mal gut sein", erwidert der, „heute triffst du sowieso nichts ..."

Erzengel Gabriel erscheint einem berühmten Fußballspieler und sagt: „Lieber Mann, ich habe eine gute und eine schlechte Nachricht für dich. Zuerst die gute: Du bist auserwählt, nach deinem Ableben in der himmlischen Fußballmannschaft zu spielen."
„Und die schlechte?", will der Fußballer wissen.
„Du bist schon für nächstes Wochenende aufgestellt!"

Matti und Eule unterhalten sich auf dem Pausenhof. „Hast du mich gestern im Radio gehört?“, will Matti wissen.
„Was, dich? Nein. In welcher Sendung denn?“
Darauf Matti stolz: „Bei der Fußballübertragung. Ich habe ganz laut ‚Tor‘ gerufen!“

*Ein Sportreporter fragt den Fußballer: „Und was empfinden Sie, wenn Ihre Mannschaft gewinnt?“
„Das kann ich Ihnen leider nicht sagen, ich bin erst seit 2 Jahren bei diesem Verein.“*

Es regnet in Strömen. Der Sportplatz der Schule ist völlig überschwemmt. Trotzdem soll das Fußballspiel stattfinden. Vor dem Anpfiff steht die Seitenwahl an. Da meint Mannschaftskapitän Noah zur gegnerischen Mannschaft: „Okay, ihr habt Anstoß. Dafür spielen wir mit der Strömung!“

Wie nennt man die Fußballschuhe von Jesus?
Christstollen.

Fußball-Länderspiel im Fernsehen. Pickelmann sitzt mit seinen Kumpels gemütlich auf der Couch und sagt: „Ist ja kein schlechtes Spiel, aber die Tore fehlen!“
Schiefnase guckt kurz auf den Bildschirm und meint verständnislos: „Bist du blind? Da stehen doch zwei!“

Schimpft der Trainer mit dem Mittelstürmer: „Warum hast du Trottel denn ein Eigentor geschossen?"
„Sorry", der Spieler zuckt mit den Schultern, „die Tore sehen doch alle gleich aus."

„Als ich in deinem Alter war“, meint der Vater zum Sohn, „wollten mich die anderen Kinder in der Nachbarschaft unbedingt in ihrer Fußballmannschaft haben.
Sie sagten, ich sei lebensnotwenig für das Team.
Ohne mich könnten sie überhaupt nicht spielen.
Sie brauchten mich.
Ich war der Einzige, der einen Fußball hatte …“

„Weshalb rennen die Spieler immer hin und her?", fragt sie.
„Damit sie nicht vom Ball getroffen werden", seufzt er.

Eules Schwester am Frühstückstisch: „Weißt du, dass Fußball langweiliger ist als ein Krimi?“
„Wie kommst du denn darauf?“, fragt Eule.
„Ist doch klar, beim Fußball weiß man immer sofort, wer geschossen hat.“

„Sind alle Fußballspieler eingebildet?“, fragt der Sportreporter den Profikicker.
„Allerdings, ich kenne mindestens zehn Spieler in unserer Mannschaft, die sich einbilden, besser zu sein als ich.“

Ein Fußballspieler, der unheimlich langsam ist, wird von seinem Trainer angetrieben: „Hast du die Schuhe endlich an?“
„Ja, alle – bis auf einen!“

Ein Fußballfan nach dem Spiel zu seinem Freund: „Neben mir saß einer, der war wohl zum ersten Mal im Stadion. Immer wenn ein Spieler den Einwurf ausführte, schrie der Mann: ‚Hand!‘“

„Den ganzen Tag redest du nur von Fußball“, wird Matti von seiner Mutter gerügt. „Gibt es für dich denn kein anderes Thema?“
„Na gut, reden wir über Familie. Hast du gewusst, dass sich unser Trainer noch ein Kind wünscht?“

„Was sagst du denn jetzt zu deinem Papa?“, wird die kleine Bärbel gefragt. „Er ist doch Torschützenkönig der Regionalliga geworden.“
„Och“, meint die Kleine ungerührt, „ich sage weiter Papa zu ihm!“

Was ist relativ?
Fünf Flaschen Limo im Keller sind relativ wenig, fünf Flaschen in einer Fußballmannschaft dagegen relativ viel.

Was ist der Unterschied zwischen einem Elefanten und einem Bundesligatrainer?
Elefanten können nicht fliegen.

Was haben ein Tisch, ein Dach und ein Fußballstürmer gemeinsam?
Alle werden gedeckt.

„Wenn du dir nicht den Hals wäschst, nehme ich dich nicht mit zu dem Fußballspiel", sagt Mattis Vater.
Matti murrt: „Und wenn wir keine Karten mehr bekommen, was mache ich dann mit meinem gewaschenen Hals?"

Hinweis am Schwarzen Brett einer Firma: *Alle plötzlichen Krankheits- und Todesfälle sind mindestens eine Woche vor Beginn der Fußball-Weltmeisterschaft anzumelden!*

„Ich verstehe nicht, wieso man jeden Sonntag unbedingt zum Fußball muss“, nörgelt die Ehefrau. „Eben“, erwidert ihr Mann, „und wenn man von einer Sache nichts versteht, dann soll man sich auch raushalten!“

Mit viel Mühe konnte Kalle seine Freundin überreden, mit ihm ins Stadion zu gehen. Auf der Tribüne rutscht sie unruhig auf dem Sitz herum. „Was hast du denn?", fragt er gereizt. „Kannst du nicht mal ruhig auf dem Hintern sitzen?"
„Er ist eingeschlafen", sagt sie.
„Dacht ich's mir doch. Ich hab ihn schon zweimal schnarchen hören."

Zwei Arbeitskollegen unterhalten sich am Montag über ihr Wochenende. „Eigentlich wollte ich am Samstag zum Pokalspiel fahren", meint Jochen. „Aber bis man da einen Parkplatz findet und sich durch die Menschenmassen gekämpft hat ..."
„Ich verstehe", fällt ihm sein Kollege ins Wort. „Meine Frau wollte auch, dass ich zu Hause bleibe."

Nach dem verlorenen Spiel tobt der Trainer:
„Noch so eine miese Leistung und ich verkaufe die komplette Mannschaft für 2,75 Euro!"
„Wieso für 2,75 Euro, Chef?", erkundigt sich der Mannschaftskapitän vorsichtig.
„Ist doch klar: pro Mann 25 Cent Flaschenpfand!"

Ein Fußballspieler hat ein krummes Ding gedreht und steht deshalb vor Gericht. Der Richter verkündet das Urteil: „5 Jahre!“ „Mensch“, seufzt der Spieler, „von so einem Vertrag habe ich bisher nur geträumt.“

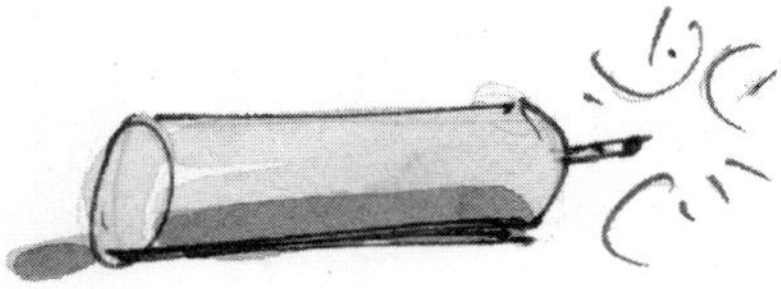

Interview mit dem Trainer der erfolgreichen Fußballmannschaft. „Sie haben in dieser Saison noch kein Spiel verloren“, stellt der Reporter anerkennend fest. „Worauf führen Sie diese fantastische Bilanz zurück?“
„Ich weiß auch nicht so genau“, antwortet der Trainer. „Dabei habe ich vor jedem Spiel mit dem Schiedsrichter um 1000 Euro gewettet, dass wir diesmal verlieren!“

Eine kleine Spinne betrachtet voller Bewunderung das Netz eines Fußballtors. „Klasse! Da hat jemand wirklich ganze Arbeit geleistet!"

Warum wurde der lauffaule Mittelfeldspieler vom Tierschutzverband angezeigt?
Weil er 90 Minuten auf demselben Regenwurm gestanden hat.

Drei Männer kommen in den Himmel. „Tut mir leid“, entschuldigt sich Gott bei ihnen. „Das war ein Versehen. Zur Entschädigung schenke ich euch ein neues Leben. Aber bevor ihr von der Wolke springt, müsst ihr laut euren Berufswunsch rufen!“
Der erste Mann springt und schreit: „Pilot!“ Zurück auf der Erde wird er prompt Kapitän eines großen Jumbojets.
Der zweite Mann springt und schreit: „Gehirnchirurg!“ Fortan arbeitet er erfolgreich als Arzt in einer Privatpraxis.
Als der dritte Mann springt, rutscht er dabei aus und schreit: „Mist!“ ... und wird Spieler beim FC Kickers.

Ein Elefant und eine Maus spielen zusammen Fußball. Plötzlich tritt der Elefant der Maus auf den Schwanz. Zerknirscht entschuldigt er sich bei der Maus.
Doch die bleibt cool. „Macht nichts, hätte mir auch passieren können.“

Einbruch im Fußballstadion. Der Polizeibeamte fragt mit vorwurfsvollem Blick den Fußballer: „Sie sind doch Hochleistungssportler. Konnten Sie den Einbrecher denn nicht fangen?“
„Klar“, antwortet der Fußballer, „ich habe ihn sogar überholt und die ganze Zeit die Führung behalten. Aber als ich mich dann umdrehte, war er verschwunden.“

Ein Schwabe kommt an die Ticketkasse und erkundigt sich: „Wie viel kostet ein Sitzplatz?"
„40 Euro", gibt der Ticketverkäufer Auskunft.
„Hui, das ist zu teuer. Wie viel kostet ein Stehplatz?", will der Schwabe wissen.
„20 Euro", bekommt er zur Antwort.
„Okay, ich zahle 10 Euro und stehe das ganze Spiel lang auf einem Bein …"

Fußballspieler sind wie Kleinkinder: Erst schreien sie rum und dann schmeißen sie sich auf den Boden.

Eine Blondine wohnt in einem Mietshaus, in dem auch ein Blinder, ein Rentner und ein Fußballer wohnen.
Die Blondine duscht gerade, als es an der Tür klingelt. Sie steigt aus der Dusche, schlüpft in einen Bademantel und öffnet die Tür.
Davor steht der Fußballspieler und ruft: „Es gibt tolle Neuigkeiten: Wir haben die Fußball-Weltmeisterschaft gewonnen!“
„Schön“, sagt die Blondine und verabschiedet den Fußballer.
Kaum ist sie wieder unter der Dusche, klingelt es erneut an der Tür. Die Blondine steigt aus der Dusche, zieht sich den Bademantel über und öffnet die Tür.
Dort steht der Rentner und ruft: „Es gibt tolle Neuigkeiten: Wir sind Weltmeister!“
„Schön“, sagt die Blondine, verabschiedet den Rentner und geht wieder unter die Dusche.
Es kommt, wie es kommen muss: Erneut klingelt es an der Tür. Die Blondine kombiniert, dass dies nur der Blinde sein kann. Sie öffnet also diesmal direkt die Tür, ohne sich umständlich den Bademantel anzuziehen.
Und tatsächlich: Der Blinde steht vor der Tür und ruft freudig: „Es gibt tolle Neuigkeiten: Ich bin nicht mehr blind!“

Nachdem der Mannschaftskapitän den Trainer öffentlich als Dummkopf bezeichnet hat, wird er zu einer Geldstrafe in Höhe von 1010 Euro verdonnert. 10 Euro wegen Beleidigung – und 1000 Euro, weil er ein Vereinsgeheimnis ausgeplaudert hat.

Nach einem Spiel drang ein Fan in die Kabine der Mannschaft ein. Der Torhüter versuchte, ihn festzuhalten, griff aber daneben …

Anruf bei der Ticket-Hotline: „Guten Tag, ich hätte gerne Karten für das Viertelfinalspiel mit italienischer Beteiligung."
„Tut mir leid, Italien ist ausgeschieden."
„Ja, aber das gibt's doch nicht, da muss es doch noch Karten geben?!"
„Das schon, aber Italien spielt nicht."
„Wieso denn?"
„Weil sie ausgeschieden sind."
„Ja, aber es muss doch möglich sein, Karten für das Italienspiel zu bekommen?"
„Herrgott noch mal, wie oft denn noch: Italien ist AUSGESCHIEDEN!!!"
„Schon gut, jetzt schreien Sie mich doch nicht so an ... Ich hör's halt so gerne!!!"

Noah nimmt sein Smartphone mit in die Kirche, um ein Fußballspiel zu verfolgen. Mitten während der Predigt schreit er: „Tor!“
Der Pfarrer fragt: „Wer war das?“
Kommt die Stimme aus der Menge: „Gómez, Gómez!“

Was heißt Elfmeter auf Holländisch?

Vorbeijj!

Zwei Leverkusener fliegen in einem Hubschrauber über Köln. Da sagt der eine zum anderen: „Komm, wir schmeißen einen 10-Euro-Schein aus dem Fenster, dann freut sich auch mal ein Kölner."
„Ne, wir schmeißen lieber zehn Scheine raus, dann freuen sich gleich zehn Kölner", meint der andere.
Daraufhin meldet sich der Pilot zu Wort: „Wenn ihr nicht bald die Klappe haltet, schmeiß ich euch aus dem Fenster. Dann freuen sich alle Kölner!"

„Ach, Susi, wenn ich Fußball gucke, vergesse ich alles!", schwärmt Kalle.
Sagt sie: „Ich heiße Nicole!"

Ein Spieler beschwert sich aufgebracht beim Schiedsrichter: „He, Schiri, du pfeifst immer nur für die anderen."
Darauf der Schiri: „Noch so eine Lüge, dann zeige ich dir die Rote Karte und du spielst überhaupt nicht mehr gegen uns!"

Noah und Yannick streiten sich. „Du bist der größte Idiot, der hier rumläuft!", ruft Noah. „Quatsch", sagt Yannick. „Der größte Trottel hier auf dem Platz bist noch immer du!"
Da ruft Trainer Wenzel: „Hey, Jungs, ich glaube, ihr habt vergessen, dass ich auch noch da bin!"

Bei einem Fußballmatch werden die Finger eines Spielers arg in Mitleidenschaft gezogen. Im Krankenhaus wird er verarztet.
Die Krankenschwester beruhigt ihn: „Wenn die Hand vollständig verheilt ist, können Sie damit sogar wieder Klavier spielen!"
„Toll", sagt der Patient, „vorher konnte ich das nämlich nicht."

Samstagnachmittag auf dem Fußballplatz. Sagt der Stürmer zu seinem Teamkollegen: „Wenn wir hier schon nicht gewinnen können, dann treten wir ihnen wenigstens den Platz kaputt!"

Der Fußballer nach dem Spiel zu seiner Frau: „Und? Wie war ich?"
„Letzte Woche warst du besser!", antwortet sie.
„Aber da war ich doch auf der Ersatzbank und hab gar nicht gespielt!"
„Ja, genau!"

Der Vorsitzende des Fußballvereins hält eine lange, langweilige Rede. Nach einer Stunde unterbricht er sich und bittet seine Zuhörer: „Nehmt es mir nicht übel, dass ich so lange rede, aber ich habe heute meine Uhr verloren." Da kommt ein Zwischenruf: „Kein Problem, aber gucken Sie wenigstens zwischendurch mal auf den Kalender!"

„Sie sind jetzt 20 Jahre Schiedsrichter. Sind Sie mit Ihrer Laufbahn zufrieden?", erkundigt sich der Sportreporter.
„Nein, bin ich nicht", entgegnet der Unparteiische.
„In den ganzen 20 Jahren hat mir nie jemand Schmiergeld angeboten!"

Christian Wenzel kommt in den Blumenladen.
„Ich hätte gerne zehn Rosen."
„Lange?", fragt die Verkäuferin.
„Ach", meint Wenzel erstaunt, „Sie vermieten die Blumen auch?!"

An der Grenze: Der Grenzbeamte zu Christian Wenzel: „Zeigen Sie mir doch mal Ihren Pass!"
Darauf Wenzel: „Ja, gerne, haben Sie einen Ball?"

Drei Fußballfans diskutieren darüber, warum ihr erfolgloser Verein am Saisonende abgestiegen ist. „Der Manager ist schuld“, sagt der erste. „Wenn er bessere Spieler eingekauft hätte, hätten wir ganz oben mitspielen können.“
„Nee, die Spieler sind schuld“, meint der zweite. „Wenn die Jungs sich mehr reingehängt hätten, hätten sie mehr Tore eingefahren.“
„Nee, Leute“, meint der dritte. „Meine Eltern sind schuld ... Wenn ich in einer anderen Stadt geboren worden wäre, wäre ich jetzt Fan von einem anständigen Verein.“

Der Manager des Drittliga-Clubs ruft den Torschützenkönig seiner Mannschaft in sein Büro. „Du spielst diese Saison wirklich gut“, lobt er den Spieler. „Daher hat der Vorstand beschlossen, dass du eine kleine Prämie erhältst.“ Mit diesen Worten überreicht er dem Stürmer einen Scheck über 5000 Euro.
Der Spieler bedankt sich artig.
„Und“, fährt der Manager fort, „wenn du den Rest der Saison so weiterspielst, wird der Präsident den Scheck auch unterschreiben.“

Zwei Knirpse unterhalten sich auf dem Schulweg.
„Unsere Fußballmannschaft ist die beste von allen: ungeschlagen und noch kein einziges Tor kassiert.“
„Wie viele Spiele habt ihr denn schon bestritten?“
„Am Samstag ist das erste …“

Die kleine Josi darf zum ersten Mal mit Opa zum Fußball. Während sie in der Schlange vor dem Stadion stehen, beginnt der alte Mann hektisch in seinen Manteltaschen zu wühlen. Der Angestellte am Einlass wirft einen Blick auf Josis Ticket und fragt dann den alten Mann: „Was haben Sie denn da im Mund?“
Es ist das vermisste Ticket!
Als sie das Stadion betreten, meint Josi: „Mensch, Opa, du wirst aber ganz schön vergesslich. Da hast du die Eintrittskarte die ganze Zeit über im Mund und weißt es nicht mehr.“
„So dumm bin ich nun auch wieder nicht“, meint der alte Mann und grinst. „Ich habe das Datum von letzter Woche abgekaut …“

Vor dem Match zweier schwäbischer Mannschaften leiht sich der Schiedsrichter für den Münzwurf 50 Cent vom Kapitän der Heimmannschaft.
„Hier“, meint der Spieler und überreicht dem Unparteiischen das Geldstück, „aber als Pfand bekomme ich deine Pfeife!“

Schiri: „Elfmeter!"
Kapitän der Heimmannschaft: „Für wen?"
Schiri: „Für uns!"

Großes Fußballturnier unter den Tieren. Im Finale trifft die Mannschaft der Nagetiere auf die Insekten-Elf. Die Nager dominieren das Spiel und führen nach der ersten Halbzeit 40:0. In der zweiten Halbzeit wechselt der Trainer der Insekten-Mannschaft den Tausendfüßler ein. Der punktet auf ganzer Linie, sodass die Insekten am Ende mit 108:40 siegreich vom Platz gehen.
Nach dem Spiel fragt der Trainer der Nagetiere beim Teamchef der Insekten nach: „Dieser Tausendfüßler ist wirklich ein Ausnahmetalent. Warum haben Sie ihn denn erst in der zweiten Halbzeit aufgestellt?“
„Na ja, er braucht immer 45 Minuten, bis er die Schuhe anhat …“

Die Fußballsaison ist gerade wenige Wochen alt, doch der Torwart des Zweitliga-Clubs hat bereits eine ansehnliche Zahl an Toren kassiert. Als er eines Abends nach Hause geht, tritt ein Mann an ihn heran. „Ich habe Sie spielen gesehen, mein Junge“, meint der Fremde. „Ich glaube, ich kann Ihnen helfen.“
„Sind Sie Fußballtrainer?“, erkundigt sich der Torhüter.
„Nein“, meint der Mann, „Optiker.“

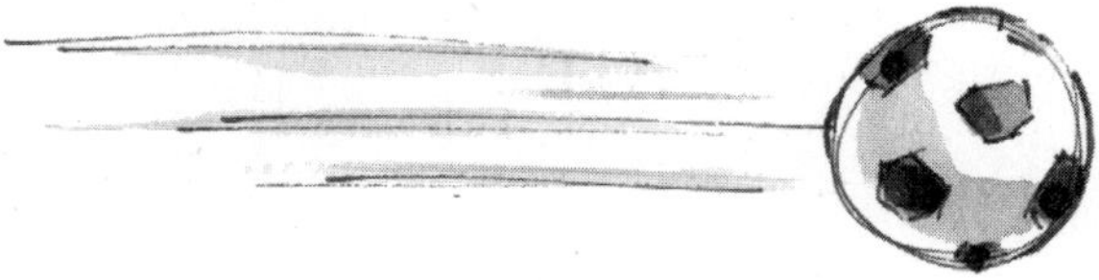

Warum soll der Stadionrasen vom TSV Hundhausen betoniert werden? Damit das Spielniveau nicht noch tiefer sinken kann.

Yannick fragt den Pfarrer:
„Ist es eigentlich eine Sünde, wenn ich am Sonntag Fußball spiele?"
Darauf meint der Pfarrer: „Das nicht, aber *wie* du spielst!"

Eule humpelt beim Training vom Platz. Besorgt kommt ihm der Trainer entgegen und fragt: „Schlimm verletzt?"
„Nee!" Eule winkt ab. „Mein Bein ist bloß eingeschlafen!"

Gespräch unter Fußballfans: „Hast du gehört, was dem armen Tobi passiert ist? Er ist zu Fuß zum Stadion gelaufen, um sich das Geld für die Zugfahrkarte zu sparen. Und dann musste er 40 Euro für die Eintrittskarte blechen, weil er zu erschöpft war, um über die Mauer zu klettern …"

Der erfolglose Mittelstürmer steht vor Petrus an der Himmelspforte. Der fragt erstaunt: „Du hier? Wie hast du denn das Tor gefunden?"

Vorstellungsgespräch beim Bundesliga-Club.
„Sie wollen also Torwart in unserer Mannschaft werden? Was haben Sie denn für Gehaltsvorstellungen?“
„10 000 Euro die Woche“, entgegnet der Bewerber.
„Und über welche Erfahrungen verfügen Sie?“
„Ich habe noch nie zuvor im Tor gestanden.“
„Sie haben keine Erfahrung als Torwart und verlangen 10 000 Euro in der Woche?!“
„Na, wenn man keine Ahnung von einer Sache hat, ist es doch viel schwerer …“

Nach einem wichtigen Fußballspiel kommt Matti nach Hause. „Na, wie lief das Spiel?“, erkundigt sich seine Mutter.
„Super, ich war richtig gut“, berichtet Matti stolz. „Ich hab 2 Spitzentore geschossen.“
„Prima, Matti. Und wie ging das Spiel aus?“
„1:1.“

Ein Fußballfan verfolgt das Spiel seiner Mannschaft im Stadion und ist mit der Leistung des Unparteiischen alles andere als zufrieden. Seinen Unmut zeigt er durch wüste Gesten und Beschimpfungen in Richtung des Schiedsrichters. Irgendwann wird es diesem zu bunt und er stellt den Fan zur Rede. „Hören Sie mal, ich hab Sie die letzte halbe Stunde genau beobachtet ...“
„Das hab ich mir schon gedacht“, unterbricht ihn der Fan aufgebracht. „Das Spiel können Sie ja nicht verfolgt haben!“

Schädel kommt in die Bäckerei von Eules Eltern. „Ich möchte 49 Brötchen“, sagt er.
„50 wären im Angebot“, meint die Verkäuferin.
Darauf Schädel: „Wer soll die denn alle essen?“

Schädel hat es erst in der zweiten Halbzeit zum Fußballmatch geschafft. „Und, wie steht's?", fragt er seinen Freund.
„0:0", antwortet dieser knapp.
„Und wie war der Stand zur Halbzeitpause?"

Langeweile im Stadion. Der Tribünengast: „Guck mal, der Minister auf der Ehrentribüne schläft schon."
Darauf sein Sitznachbar: „Und dafür weckst du mich?"

Der Lehrer schreibt in der Mathematikstunde 2:2 an die Tafel und fragt: „Was bedeutet das?" „Unentschieden", ruft die Klasse.

Eine Frau kommt in den Elektroladen und sagt zum Verkäufer: „Ich hätte gerne einen neuen Fernseher."
„Was für ein Modell soll es denn sein?", erkundigt sich der Mann.
„Ganz egal", entgegnet die Frau, „Hauptsache, da ist kein Fußball drin!"

Der Nationalspieler berichtet: „Unser Training ist manchmal so geheim, dass wir selber gar nicht mitspielen dürfen."

Das Nachwuchstalent zum Vereinsmanager: „Wie hoch ist denn mein Gehalt?“
„Zunächst 10 000 Euro monatlich, später dann mehr.“
„Okay, dann komm ich später wieder!“

Zwei Fußballfans stehen in der Warteschlange vor dem Stadion.
Der eine seufzt. „Ich wünschte, ich hätte das Klavier mitgenommen.“
„Was willst du denn mit ’nem Klavier im Stadion?“, wundert sich der andere.
„Na ja“, entgegnet der erste, „da liegen noch die Eintrittskarten drauf.“

Zwei Fußballfans verfolgen das Match ihrer Regionalliga-Mannschaft. Da kommt ein Leichenzug am Fußballplatz vorbei.
Der eine nimmt seine Mütze ab und senkt den Kopf in Richtung des Sarges.
„Mann, du bist heute aber respektvoll!", sagt der andere.
„Na, schließlich war ich 37 Jahre mit der Frau verheiratet ..."

„Gehen Sie heute auf den Fußballplatz?"
„Da pfeif ich drauf."
„Ach, Sie mögen wohl kein Fußball?"
„Doch, ich bin der Schiedsrichter!"

Yannick hat sich einen freien Tag erschwindelt, indem er in der Schule behauptet hat, seine Oma wäre gestorben. Als er sich bis zur Stadionkasse durchgedrängelt hat und sich kurz umdreht, sieht er hinter sich das wütende Gesicht des Schuldirektors. Geistesgegenwärtig fragt er den Mann an der Kasse laut: „Können Sie mir bitte sagen, wie ich von hier am schnellsten zum Friedhof komme?“

Nach dem Fußballspiel:
„Wie viele Tore hat es gegeben?“
„Zwei.“
„Ich wollte wissen, wie das Spiel ausging.“
„Pünktlich, wie immer!“

„Herr Doktor, mir wird ständig gelb und rot vor Augen", klagt der Fußballer. Der Arzt rät: „Wechseln Sie mal den Schiedsrichter!"

Nach dem Spiel fragt jemand den Torwart: „Wie heißt denn Ihr Hund?"
„Ich habe keinen Hund ...", antwortet der Torwart verwundert.
„Oh, das tut mir aber leid. Blind – und keinen Hund."

Der FC Kickers kommt von einem Auslandsspiel zurück und steht am Zoll.
„Alkohol, Zigaretten, Parfüm?“, fragt der Zollbeamte.
„Nein danke“, sagt der Trainer, „aber einen Kaffee können Sie uns bringen!“

Der Ehemann schaltet den Fernseher ein und sagt zu seiner Frau: „Möchtest du noch etwas sagen, bevor die Bundesligasaison anfängt?“

Eine Frau steht niedergeschlagen in der Parfümerie und sagt zur Verkäuferin: „Geben Sie mir etwas, was nach Fußball riecht!“

„Matti soll ja so erkältet sein."
„Kein Wunder – der spielt doch immer im Sturm."

„Haben Sie kurz 3 Sekunden Zeit?“, fragt ein Zuschauer nach Spielende den Schiedsrichter. Dieser nickt. „Dann erzählen Sie mir mal alles, was Sie über Fußball wissen!“

Warum fällt ständig das Tor um, wenn sich der Torwart des FC Kickers dagegenlehnt? Der Klügere gibt nach.

Was verstehen Jungs unter Romantik?
Ein Fußballstadion im Kerzenlicht.

Schädel und Matti spielen mit einem nagelneuen Fußball vor dem Haus.
Da ruft Mattis Mutter aus dem Fenster: „He, ihr zwei! Wo habt ihr denn den Ball her?“
„Den haben wir gefunden“, antwortet Matti.
„Seid ihr denn auch sicher, dass ihn jemand verloren hat?“
„Klar“, meint Schädel. „Wir haben ein paar Leute gesehen, die nach ihm gesucht haben.“